ÉPÎTRE

A *URBIN*,

SUR

LA RÉVOLUTION;

PAR *P.-J. AUDOUIN,*

MEMBRE DU CONSEIL DES CINQ-CENTS.

O navis, referent in mare te novi
Fluctus! O quid agis? Fortiter occupa
Portum ....

HOR. Od. XIV. Lib. I.

O vaisseau! que fais-tu? Ne brave plus les flots ;
Tranquille dans le port, jouis d'un long repos.

Prix : 12 sols pour Paris, et 15 sols pour les départemens.

A *PARIS,*

Chez C.-J. GELÉ, Imprimeur-Libraire,
rue du Temple, n.o 22 ;

Et les Marchands de Nouveautés.

An V de la République.

I l est des hommes qui pensent qu'on cesserait de les regarder comme républicains, s'ils cessaient d'être, ou même de paraitre révolutionnaires. Qu'ils triomphent donc d'un pareil préjugé qui les expose souvent à être assimilés à la tourbe des factieux! Qu'ils séparent enfin la révolution du régime constitutionnel qui l'a suivie! Dans la première époque, il fallait être ardent ; dans la seconde, il faut être sage. Je ne connaîs de patriotisme que celui qui agit pour la patrie. Révolutionner pour avoir des loix républicaines, c'était servir la patrie. S'attacher fortement aux loix républicaines pour ne plus révolutionner, c'est encore servir la patrie. Tout autre patriotisme serait contre-révolutionnaire, puisqu'il ne tendrait qu'à renverser les loix républicaines pour l'établissement desquelles on a révolutionné.

En publiant l'*Epître à Urbin*, j'invoque les conseils sévères de la critique, tant sous le rapport politique et moral, que sous celui de la versification. Le plus grand service qu'on puisse me rendre, c'est de me dire la vérité.

Chaque exemplaire sera signé de moi sur la dernière page, afin d'éviter la peine à des contrefacteurs distraits de me faire dire ce que je ne dis pas, ou de ne pas me faire dire ce que je dis.

ÉPÎTRE

A *URBIN*,

SUR

LA RÉVOLUTION.

A te répondre, Ami, pourquoi forcer ma muse ?
Sur mes faibles talens crois-tu que je m'abuse ?
Je ne suis point admis sur le docte Hélicon ;
Ma main ne lance point les flêches d'Apollon.
Donne-moi les accens des maîtres de la lyre,
Ou cesse d'exiger un impuissant délire.
Des filles de mémoire, ô nourrissons chéris !
L'illustre antiquité renaît dans vos écrits.
Lebrun étonne, émeut par son audace fière ;
Fontanes saisit l'âme, et l'échauffe et l'éclaire ;
Desorgues nous ravit du haut du double mont ;
Pipelet, Dufresnoy, Beaufort et d'Antremont
Aux rives d'Aonie érigent leurs trophées ;
Andrieux est fêté par les savantes fées ;
Legouvé de Racine a reçu la candeur ;
Sakespir à Ducis a légué sa grandeur ;
L'agréable Thalie a choisi d'Harleville :
L'imagination revendique Delille.
Nommerai-je Saint-Ange, et tant d'auteurs nouveaux ?..
Le Parnasse en extase admire leurs travaux.

A 2

Par eux la Poésie , auguste , triomphante ,
Rassembla les rayons de sa gloire expirante ;
Le Pinde a relevé ses lauriers immortels ;
Les nymphes du Permesse ont revu leurs autels :
Du temple de Phœbus , qui tresse leurs couronnes,
Ils ont consolidé les tremblantes colonnes ;
Ce dieu leur a donné son luth harmonieux :
Leurs doigts nous ont rendu ses sons mélodieux.

Et tu veux que j'affronte , audacieux pygmée ,
Tant de chantres fameux , et tant de renommée !
Qu'indiscret écrivain, je confie au papier
Des vers que, sans humeur , on pourra décrier
Irai-je m'enrichir des trésors de l'abeille ?
Ah ! qu'à ce prix jamais ma verve ne s'éveille !
L'ouvrage du génie est sa propriété :
Et , d'ailleurs , pille-t-on son immortalité,
En s'arrogeant son bien, sans honte et sans scrupule?
On ne recueille , hélas ! qu'un sanglant ridicule :
Et, d'opprobre couvert, hors du sacré vallon ,
Envain le plagiaire invoque le pardon.

Ton âme , cependant, inquiète, oppressée,
Interroge la mienne, et cherche ma pensée.
Mon excuse était bonne, et n'a pu t'émouvoir.
Pourquoi m'imposes-tu ce périlleux devoir ?
On craint de présenter de funestes prémices,
Quand on n'est point connu des muses protectrices.
On peut très-bien siéger parmi les sénateurs
Sans se douter de l'art des versificateurs.
Nous serions trop heureux , si, parlant même en prose,
On nous fixait toujours sur la plus juste cause :
Si jamais la tribune , ouverte au bas orgueil,
Du modeste talent ne devenait l'écueil.

Enfin, Urbin persiste à provoquer mon zèle :
J'entre dans la carrière où l'amitié m'appelle.
Je ne lutterai plus contre tes vifs desirs ;
Je te consacrerai du soir les seuls loisirs,
Afin que la censure, à blâmer souvent prompte,
De l'emploi de mon temps ne demande aucun compte.
Au défaut des neuf Sœurs, l'utile vérité
Prêtera ses secours à ma stérilité.

Tu veux donc t'arracher au tourment politique ?
Mais qu'est-ce, mon Ami, que la chose publique ?
C'est le rassemblement de tous les intérêts.
Viendras-tu m'exposer tes stériles regrets,
Quand tu prétends garder un timide silence
A l'aspect des brouillons dont l'active ignorance
Sur de nombreux débris se plaît à dominer ?
Tu consens par ta fuite à les voir gouverner.
Si Molière vivait ! sur le théâtre même
Il nous burinerait leurs desseins, leur systême.
Ah ! combien de pervers n'a-t-il pas abattus,
En traînant son Tartuffe en face des vertus ?

Que ne suis-je avoué de la muse comique !
Je ferais de la scène un miroir véridique :
Il nous réfléchirait nos maux les plus fréquens.
La loi ne défend pas de détromper les gens ;
Comme Alceste, « d'avoir ces haines vigoureuses
» Que doit donner le vice aux âmes vertueuses ».
Ces nains, gonflés de vent, sont bassement jaloux ;
Les ruines pour eux sont un spectacle doux.
Quelqu'un les combat-ils ? Tous ils se réunissent ;
De forfaits inventés soudain ils le noircissent :
Plus il est précieux par son intégrité,
Et plus par cette engeance il est persécuté.

Chez le peuple crédule on l'attaque, on l'assomme.
En peu d'heures, Urbin, on brise un honnête homme :
Un long siècle est trop court pour vaincre des tyrans
Avides, par besoin, de tombeaux dévorans ;
Et qui, pour conserver, nourrir leur barbarie,
Dans l'or boivent les pleurs, le sang de la patrie.
Ami, démasquons-les avec ténacité :
Qu'on se montre, on les rend à leur obscurité.
L'homme probe, en effet, a, dans sa conscience,
Des moyens si puissans, que sa seule présence
Intimide celui dont le cœur est souillé :
Oui, ce dernier frémit quand l'autre est éveillé.
Les méchans ne sont forts que de notre faiblesse ;
Rien par eux, ils sont tout, grâce à notre paresse.
Et ces fourbes cruels, ces pâles séducteurs,
Du rebut des humains, éternels protecteurs,
Qui narguent la vertu de leur jeune opulence,
Au sein de la misère ont souvent pris naissance :
Tel qui mange et qui dort sur des monceaux d'argent,
N'était, le mois passé, qu'un butord indigent.
Brillante de rubis, de plumes décorée,
Comme une reine, enfin, honteusement parée,
La dame, du public, irrite les regards ;
Les cris, contre l'époux, percent de toutes parts.
    Tu penses, j'en suis sûr, à ce peuple d'Athène,
Léger dans son amour, et léger dans sa haine ;
Ivre de la louange et de la nouveauté ;
Partisan des plaisirs et de la liberté ;
Ensemble chérissant le repos et la gloire,
Et de ses défenseurs flétrissant la mémoire ;
Perdant les citoyens les plus accrédités,
Caressant les auteurs de ses calamités ;

Passant, comme un éclair, qui dans les airs s'élance,
Du découragement à l'extrême insolence,
De la sombre fureur à la tendre pitié ;
De l'affreuse injustice à la douce amitié ;
Proscrivant, tour-à-tour, et surchargeant d'estime
Les talens, les forfaits, les vertus et le crime ;
Faisant, par ses rigueurs, trembler ses magistrats,
Alors qu'il excusait d'horribles attentats ;
Impatient du joug, et tellement frivole,
Qu'un mince événement, une seule parole,
Le détournant parfois de son propre intérêt,
L'excitaient à porter un sacrilége arrêt :
Tant les esprits étaient inconstans et mobiles !
Tant, pour les captiver, les soins étaient stériles !
On peignait fortement les dangers du pouvoir ;
Tout le monde en parlait, chacun voulait l'avoir :
Et, pour y parvenir, employait les bassesses,
Les plus hideux moyens, les plus viles souplesses :
L'ambitieux adroit décriait ses rivaux,
Et, pour les remplacer, maudissait leurs travaux.
Il est vrai que ceux-ci donnaient très-souvent prise
Au mécontentement qui paraissait franchise :
Et quelquefois, Urbin, on est embarrassé
Pour distinguer le cœur par l'intrigue poussé,
De celui que l'amour du bien public anime ;
Mais de cet embarras la patrie est victime.
Ami, quand les humains ne se masqueront plus,
Ils nous épargneront des efforts superflus.

    A l'aspect du passé, ton âme intimidée,
D'un heureux avenir ne conçoit pas l'idée.
Tu redoutes toujours ces êtres dangereux,
Ces pédans, ces bouffons, ignorans fastueux,

A la suprématie aspirant par des crimes,
Et s'annonçant à tous pour des esprits sublimes.
Tu les définis bien ! L'ordre n'est point leur but ;
Dans le désordre seul, ils cherchent leur salut,
Et disent gravement qu'ils servent la patrie.
Notre gloire par eux ne sera plus flétrie.
Il est permis peut-être, une première fois,
En révolution, dans l'absence des lois,
D'être égaré, séduit, d'errer à l'aventure,
Enfin d'abandonner la route la plus sûre ;
Mais ces mêmes erreurs deviennent des forfaits
Chez un homme long-tems éclairé par les faits.
Que s'est-on proposé, dans ces huit ans de vie,
Que de recommencer nous n'avons pas envie ?
Quels étaient nos desirs, dans ce long mouvement,
Par dégrés destructeur d'un vieux gouvernement ?
« Egalité de droits, liberté sans licence ».
On a touché le but ; conspirer est démence.
L'un pleure ses poignards, l'autre regrette un rang:
Veulent-ils naviguer sur une mer de sang,
Et s'avancer encor à de lâches carnages ?
Pour conquérir la paix, conservons nos courages.
Repoussons loin de nous ces atroces clameurs,
Ces cris de désespoir d'hommes perdus de mœurs,
Brigands déshérités, barbares politiques,
Qui mettent à l'encan, sur nos places publiques,
Leurs perfides conseils, leur honte et notre mort :
Ils n'aspirent qu'au meurtre, et jamais au remord.
Calmons sur-tout, calmons les têtes échauffées.

MAIS des sages, dis-tu, les voix sont étouffées
Par les cris discordans de mille factions.
Neutralisons, du moins, le choc des passions,

Et fermons, par ces mots, les bouches mensongères :
LE PEUPLE A FAIM DE LOIX. Les loix, Ami, sont chères
A tous les citoyens, dont les droits respectés
Attestent que l'on veille à leurs propriétés.
Nommons des magistrats républicains et sages,
Qui ne nous livrent point à de nouveaux orages.
L'audace des combats produit la liberté :
La sagesse la fonde ; et la sécurité,
Fille des justes lois, maintient seule l'ouvrage
Qu'aux jours des grands périls commença le courage.
Mais la sécurité de chaque citoyen
Est liée au crédit qu'on donne aux gens de bien,
Ennemis éprouvés de toute tyrannie,
Partisans du bon ordre, et plaçant leur génie
Entre l'homme crédule, et l'infâme imposteur,
Qui, pour être puissant, se fait adulateur.
Sans les mœurs, sans les loix, la hideuse anarchie
Encombre de débris le chemin de la vie.
Eh ! pourquoi formons-nous une société ?
Tout homme doit fléchir devant l'autorité,
Quand ses prétentions révoltent la justice :
Notre tranquillité tient à ce sacrifice.
Couvrons de nos mépris ces intrigans pervers
Qui s'épuisent d'efforts pour nous forger des fers.
Qu'aux cyprès douloureux succèdent les guirlandes !
Que l'autel de la peur demeure sans offrandes !
Qu'on ne s'irrite plus contre la vérité,
Incorruptible appui de cette liberté
Qui nous coûte assez cher ! qu'il faut enfin défendre !
Ah ! qui veut l'étouffer, est un esclave à vendre.

  MAIS tout peuple a des mœurs, si ses guides sont purs,
S'ils savent le régler par des principes sûrs ;

Et si leur fermeté réprime le pillage.
La liberté n'est pas cet affreux brigandage
Qui, sans relâche, attente à la propriété.
Nous devons nos fléaux à l'immoralité,
A la protection accordée aux richesses,
Qui sont le vil produit des vols et des bassesses.
Par-tout où le mérite est banni par l'argent,
L'état est riche en crime, et d'honneur indigent.
Les citoyens sensés ne pourront jamais croire
Aux charmes du bonheur, à la solide gloire,
Qu'en voyant les vertus et les talens chéris,
Les sots sans influence, et les méchans proscrits.
Ils aspirent, Urbin, sans cesse à nous conduire,
Non pour être meilleurs, mais pour toujours détruire ;
A droite, à gauche, au centre, ils s'en vont furetant,
Parlant à l'un, à l'autre, effrayant, chuchotant,
Criant qu'on les égorge, ou qu'on les calomnie,
Que de la république expire l'harmonie,
Parce que des journaux, constans accusateurs,
Disent, tous les matins, qu'ils sont de bas flatteurs,
Qu'avec hypocrisie ils ourdissent des trames,
Egarent lâchement les plus honnêtes âmes ;
Qu'ils sont vains, sots, hargneux, et cités dans Paris
Pour leurs flasques discours, et leurs piteux écrits,
Arsenaux décriés de flèches impuissantes,
Dès qu'on a dévoilé leurs ruses renaissantes,
Et leurs jaloux complots contre des magistrats
Qui, pour nous gouverner, ne les consultent pas.
Qu'on a tort, mon Ami, de ne pas les entendre !
Ils ont l'esprit si droit ! ils ont le cœur si tendre !
Qu'on leur livre la France à régir, à venger ;
Ils dérangeront tout, afin de s'arranger.

Rions de ces Brutus à voix incendiaire :
A qui ne leur plaît pas, ils déclarent la guerre ;
A tous leurs ennemis ils présentent leur flanc ;
A les entendre, ils vont verser leur propre sang :
Ils promettent au ciel, jurent à la patrie,
Qu'aux dépens de leurs jours elle sera chérie.
Quand les loix ont trompé les vœux de leur orgueil,
La perte du pouvoir les plonge dans le deuil :
Ils ne rêvent que mort, potences et supplices ;
A leur effroi hideux on devine leurs vices.
- Qu'ont-ils à redouter pour des opinions ?
La pensée est à nous. Ce sont les actions
Que la justice pèse au jour de sa vengeance.
Qui n'a point de remords, ne craint pas sa balance.
S'ils appréhendent tant ces funestes affronts,
Ils portent donc le crime imprimé sur leurs fronts !
Ils ne pourront donc pas à leurs juges répondre !
Il est donc des témoins qui devront les confondre !
L'homme qui vécut pur n'est point épouvanté :
Il jouit de lui-même ; oui, cette obscurité,
Odieuse aux méchans avides de puissance,
Pour le citoyen probe est une récompense :
Si la perversité ne le respecte pas,
Il ne recule point devant un beau trépas.

Qu'ils aillent s'aguerrir au sein de nos armées,
Ceux dont la peur saisit les âmes alarmées :
On leur y montrera la route de l'honneur.
Ils parviendront peut-être à goûter le bonheur
De détourner sur eux un rayon de la gloire
Que dissémine au loin la main de la victoire.

Mais affronteraient-ils ces fers étincelans ?
Ces feux multipliés ? ces orages brûlans ?

Non : ils font trop de bruit pour avoir du courage.
Capables d'ordonner un nocturne carnage ,
Quand tout dort accablé par un trompeur sommeil ,
Ils deviennent tremblans au retour du soleil.
A leurs lâches complots , l'ombre seule est propice ,
Et le flambeau du jour suspend leur sacrifice.
Mais quand la nuit les cache , appréhende leurs coups ;
Ton lit attesterait leur infâme courroux.
Leurs écrits , leurs discours , enfans de la bassesse ,
Dénoncent de leurs cœurs la barbare faiblesse.
Qu'ils cessent cependant de craindre l'avenir ,
Si par un long repos ils savent se punir.
La haine s'use enfin ; on est las de vengeances :
Qu'ils tournent contre eux seuls leurs sombres défiances ;
Qu'ils brisent pour jamais leurs plans d'assassinat ;
Qu'ils ne s'efforcent point de siéger au sénat ,
Au temple de Thémis , dans les magistratures ;
Et les républicains oublieront tant d'injures.
J'ai dit : républicains ; titre auguste ! sacré !
Que tout l'art des fripons n'a pas déshonoré.
C'est la réunion , innombrable , chérie ,
De tous ceux qui , pour elle , adorant la patrie ,
Ne courent point chercher , dans de tristes excès ,
L'épouvantable droit de n'être plus français ,
D'apprendre , avec douleur , nos conquêtes brillantes ,
Ou de semer la mort dans nos villes sanglantes.
Le nombre de ceux-ci s'affaiblit tous les jours.
A tort t'imaginant les rencontrer toujours ,
Tu fixes tes regards vers ton champêtre asyle.
Loin de nos murs , Urbin , tu vivais si tranquille !
Tu goûtais , sans effroi , les douceurs du sommeil ;
Le bonheur saluait ton paisible réveil

Que ne fatiguait pas la voix de l'imposture :
Mille charmes divers , que t'offrait la nature,
Enchantaient , sans effort , ton esprit et ton cœur ;
Des viles passions tu respirais vainqueur !
Eh-bien ! pars ; va revoir tes prés , ta solitude,
Embrasser tes amis , te livrer à l'étude,
Suspendre tes travaux par d'utiles loisirs.
Chaque instant qui s'écoule apporte des plaisirs
A l'heureux habitant des campagnes fertiles,
S'il protége la veuve et les vieillards débiles.
La douce bienfaisance est si pleine d'attraits !
Qui l'exerce souvent ne s'en repend jamais.
A côté des malheurs qui ravagent la terre,
Le ciel juste a placé la pitié tutélaire.
Ah ! va les habiter, ces champs délicieux ;
Ils récompenseront tes soins industrieux.
Toute profession est belle , est honorable,
Alors qu'en s'y livrant on se rend respectable.
L'honnête homme qui trace , avec dextérité,
Les sillons qu'il féconde , est dignement cité.
C'est là , près du berceau qui reçut ton enfance,
Que tu veux terminer , en paix , ton existence,
Loin du crime enrichi , des fripons caressans ,
Qui , de la tête aux pieds , se parfument d'encens,
Qui , d'eux , de leurs amis , louangeurs insipides,
Ne montrent au public que des méchans stupides,
Lassant les citoyens par leurs affreux succès.
Mais la patrie enfin gagnera son procès.
Oui, que l'espoir , Urbin , d'un avenir plus sage,
Au milieu de nos maux , soutienne ton courage.
Une rose est, Ami , lente à s'épanouir ;
Mais le soleil l'échauffe : on finit par jouir

De sa douce beauté, de son odeur tardive.
Plus le desir fut long, plus notre joie est vive.
Son calice reçoit le soufle du zéphir ;
Sa couleur animée accroit notre plaisir,
Et notre œil, attaché sur sa pourpre brillante,
Communique à notre âme un bonheur qui l'enchante.

    La révolution, par sa force, a dompté
De notre antique état le soutien détesté :
Le peuple qui fit tout, ou qui parût tout faire ;
En maître a disposé des feux de son tonnerre,
De ses biens les plus chers, de tous ses intérêts :
Mais à se reposer les citoyens sont prêts.
De l'ordre, autour des loix, le besoin les rassemble ;
Ils appellent cet ordre, à grands cris, tous ensemble.
Ah ! que de la raison les conseils soient vainqueurs ;
Que sa magistrature existe dans les cœurs :
Que la vérité sainte, éternelle, touchante,
De la nuit de l'erreur s'échappe triomphante.
Un pacte social, sous la foudre dicté,
Nous garantit le calme et la prospérité.
Par-tout élevons-nous contre l'impéritie ;
Que de nos bateleurs la burlesque ineptie
Ne nous écrase pas de ses tons fatigans :
Qu'on arrache le masque à tous ces intrigans ;
Revenons au respect pour la vertu modeste :
Sur ses tréteaux déserts que l'hypocrite reste.
L'expérience, Urbin, est féconde en leçons.
Qui nous pardonnera, ciel ! si nous périssons ?
Bientôt l'aimable paix que devance la gloire,
Va de ses oliviers couvrir ce territoire :
J'atteste les terreurs du Rhin ensanglanté,
Devant nos étendards déposant sa fierté,

Et comptant les revers de l'Autriche affaiblie :
J'atteste les succès des héros d'Italie.
Cinq fois, en moins d'un an, contre ces bataillons,
L'Allemagne a vomi ses lourdes légions,
Ivres du sang français, et de rage effrénées,
Cinq fois, par notre Mars, au néant destinées.
Vainement le hongrois tente un dernier effort,
Aux rives de l'Adige il a trouvé la mort.
Cinq fois Vienne, orgueilleuse, et de frayeur muette,
Dans ses murs désolés a pleuré sa défaite.

Quel peuple moissonna des lauriers aussi beaux ?
Ombres des vieux gaulois, sortez de vos tombeaux.
Rome antique, renais : dis-nous si, plus rapides,
Tes fils s'applaudissaient de chefs plus intrépides.
Leur corps de vétérans céda plus d'une fois ;
César vola des yeux, du geste, de la voix,
Pour ranimer des cœurs la mourante vaillance.
Le français qui toujours vers la gloire s'élance,
Ordonne à l'ennemi de fuir ou de tomber.
Nos phalanges jamais ne savent succomber.
Qui pourra célébrer tant de faits dignes d'elles ?
L'univers étonné les proclame immortelles.
Dans les siècles futurs, sans cesse renaissans
Ces milliers de héros planeront sur le temps :
L'éclat qui les distingue et qui les environne,
Suivra, dans l'avenir, ces enfans de Bellonne.
Tu doutes que le fer abandonne leurs bras !
N'ont-ils pas épuisé les palmes, les combats ?
De l'ordre réclamons l'autorité suprême,
Qui, protégeant l'état, se protége elle-même.
C'est peu d'avoir jetté la terreur chez les rois ;
Frappé les nations du bruit de nos exploits ;

N'allons pas contre nous tourner nos propres armes,
Et venger les vaincus par nos sanglantes larmes.
A nous tuer encor serions-nous donc forcés !
Ne rendons point la vie à nos malheurs passés.
De débats intestins ne souillons plus l'histoire :
A la garde des mœurs confions la victoire.

En te déterminant à t'éloigner de nous,
Promets à ton ami de devenir époux.
Tu te plais, je le sais, à vivre solitaire :
Moi, je ne voudrais pas être célibataire.
Que je chéris un front où siége la candeur,
Où la gaieté s'allie à l'aimable pudeur !
Le célibat toujours eut des suites cruelles ;
Il n'alluma jamais que des feux infidèles :
Il sème sur nos pas les vices, les dégoûts.
Fléau de la vertu qui périt sous ses coups,
Il ne porte à l'amour que d'impures offrandes ;
Attristant son autel d'adultères guirlandes,
Il paraît précédé de l'odieux affront
Qui consterne l'hymen, et qu'on lit sur son front :
Il promène avec lui la honte, le ravage.
Et quand, appesanti sous le fardeau de l'âge,
Un vieux garçon, tout seul, couvert de cheveux blancs,
Faiblement appuyé sur ses genoux tremblans,
A besoin d'un soutien pour sortir de la vie,
Trouve-t-il des secours ? Tout le quitte, et l'oublie !
S'il est dans l'indigence, il ne sent point les pleurs
De l'amitié touchante arroser ses douleurs.
S'il est riche, on ne songe à son heure dernière
Que pour la desirer, et le rendre à la terre.
La mort va le saisir ! Elle paraît encor
Trop lente aux héritiers qui convoitent son or,

Un époux du malheur ne craint point les outrages;
De tout ce qui l'entoure il obtient les hommages;
Devant lui ses enfans éparpillent des fleurs;
Et sa chaste compagne, effroi des séducteurs,
S'il est dans l'infortune, avec lui la partage :
Ils gémissent ensemble ; ils s'aiment davantage.
S'il a reçu d'un père, ou de ses longs travaux,
Sans avoir imité nos financiers nouveaux,
Un trésor innocent, d'une origine pure,
Dont la possession n'excite aucun murmure,
En mourant il le donne à des parens chéris,
Qui pleurent tendrement son amour ! ses débris!
Aux liens de l'hymen accorde tes suffrages;
Et prouvons qu'il existe encor de bons ménages,
Où le soufle empesté des hommes corrompus
N'a point flétri l'honneur, cet honneur qui n'est plus!
Où, des époux heureux, l'active bienveillance
Accueille, aime, soutient la vieillesse et l'enfance;
Où la pitié naïve exerce ses bienfaits,
Et fixe sur ses pas l'allégresse et la paix.
Non ; ne dédaigne plus les nœuds du mariage;
De la société c'est l'appui le plus sage :
La morale l'ordonne, et les cœurs vertueux
Soumettent à ses loix leurs goûts respectueux.
Malheur à l'insensé qui rit de la morale !
Qui, la foulant aux pieds, insolemment étale
De factices vertus qui ne sont très-souvent
Que des vices honteux qu'on achète et qu'on vend!

On a dit, il est vrai, tant de mal sur les femmes !
Donnons-leur un appui dans les honnêtes âmes :
Que leur cœur ne soit plus si durement traité.
N'offrent-elles donc rien à la société

Que des appas trompeurs, et de dangereux charmes ?
Les bonnes qualités sont encore leurs armes,
Qu'on devrait respecter au lieu de les ternir.
De leurs dons les plus beaux sied-il de les punir ?
Leur vœu, comme le nôtre, est de vivre tranquilles,
A l'abri des méchans, des sots, des imbécilles.
Le spectacle d'un fils, d'un époux malheureux,
Porte dans tous leurs sens un trouble douloureux.
Tu crains de rencontrer une épouse savante !
L'exemple de plusieurs t'allarme, t'épouvante !
L'égarement du cœur vient souvent de l'esprit,
M'as-tu dit quelquefois. Une femme qui lit,
Et même qui compose, obtiendra mon suffrage,
Pourvu que, s'occupant des soins de son ménage,
Elle n'immole pas à ses doctes penchans,
Le destin d'un époux, le sort de ses enfans.

Que les muses encor, filles de l'harmonie,
S'élèvent avec toi contre la tyrannie.
Peins-nous ces gens tarés, ennemis de nos lois,
De débris entassés composant leurs exploits :
Peins-nous ces factieux, cette horde perverse,
Qui ne peut supporter le repos qu'on lui laisse,
Incapable à jamais de remplir un devoir,
Et cherchant un asyle au faîte du pouvoir.
Attaque dans tes vers cette foule de vices,
Ces désastreux projets, ces grandes injustices,
Que déguisent souvent de spécieux dehors,
Et qui nous raviraient le prix de nos efforts.

Mais notre république a dompté la victoire,
Et la France est debout dans un cercle de gloire !
Rendons un prompt hommage aux vertus des guerriers ;
Utilisons, pour tous, ces moissons de lauriers.

Que les agriculteurs recueillent sans alarmes
Les trésors échappés à la fureur des armes :
Que le négociant, que l'honnête ouvrier
Nourrissent leurs enfans des fruits de leur métier ;
Que l'or qui s'amoncèle en des mains dévorantes,
Redonne l'industrie aux cités languissantes :
Qu'en invoquant la paix, un beau concert de voix
Vante unanimement la probité des loix :
On n'aura plus besoin d'éloges mercenaires.
Les hommes appelés au timon des affaires,
N'arrachent au tombeau que le bien qu'ils ont fait.
Si de leurs actions le peuple est satisfait ;
Sous leur gouvernement, si la pure allégresse
A coloré les fronts dépouillés de tristesse ;
S'ils ont déconcerté les plans ambitieux
De rois, de leurs agens, des cruels factieux ;
Si, malgré les périls, leur sagesse profonde
A dirigé leurs soins vers le repos du monde ;
L'impartialité, haïssant la fureur
Qui transforme en forfait la plus légère erreur,
Dira qu'ils sont placés entre deux précipices,
Que de nos ennemis les affreux artifices
Tendent à leur ravir les suffrages des cœurs.
Proclamés de la guerre honorables vainqueurs,
Qu'ils deviennent enfin plus puissans que l'envie !
Que la reconnaissance accompagne leur vie !
Les siècles à venir, plus clairvoyans que nous,
Moins inconstans peut-être, et sur-tout moins jaloux,
Avec enthousiasme admireront la France,
Pesant avec respect dans leur juste balance,
Ses exploits, ses revers, ses vices, ses vertus.
Ils verront ses tyrans dans une heure abattus ;

Du sang des citoyens son enceinte rougie,
Et contre l'étranger sa brûlante énergie ;
Le deuil de ses foyers , ses guerres au-dehors ;
Et le succès au loin couronnant ses efforts ;
Un sénat, en un jour, créant la république,
Tour-à-tour grand , petit, impuissant, despotique,
Sublime, insupportable , effrayé , courageux ;
Exécrant ses tribuns, et triomphant par eux ;
Docile à leurs arrêts, et jurant leur ruine ;
Provoquant l'abondance , obtenant la famine ;
Applaudissant , aimant , honorant nos guerriers,
Enveloppant ses torts de leurs épais lauriers :
Alors continuant sa course vagabonde ,
Et de sa renommée épouvantant le monde ;
Epris de la victoire ; entourré de tombeaux
Peuplés, dans tous les temps, par les mêmes bourreaux ,
Ecrasés à leur tour, ou réduits au silence
Par la réunion des débris de puissance,
Qui , s'élevant contre eux , produisent un faisceau
Redoutable , infrangible ; et l'indompté vaisseau,
Pendant trois ans , battu par les flots et l'orage,
Moins chargé qu'au départ, revoyant le rivage :
Un sénat en un mot marchant avec grandeur
Lorsque la liberté secondait son ardeur ;
Faisant de l'infortune un dur apprentissage ,
Tant qu'il fût accablé des fers de l'esclavage ;
Et du moins profitant de ses longues douleurs
Pour arracher la France à de pareils malheurs ;
Décrétant le salut de la chose publique
Par la division d'une assemblée unique.
Je crois au jugement de la postérité.

    MAIS elle ajoutera , dans sa sincérité,

Que presque tous nos maux prirent d'abord naissance
Des oppositions et de la résistance ;
Que la foule marcha sans ce discernement
Qui peut seul empêcher un long déchirement ;
Que la masse irritée, aveugle, impétueuse,
Se déchaîna, roula, comme un torrent, fougueuse ;
Que beaucoup de français, haïs injustement,
Se virent entraînés par ce grand mouvement,
Et de leur bonne-foi devinrent les victimes :
Que de leurs conducteurs on leur donna les crimes.

   Qu'ILS ne se targuent pas de leur impunité
Ceux qui, pour assouvir leur inhumanité,
Dans ces temps orageux, d'étonnante mémoire,
De forfaits calculés ont flétri notre histoire.
On n'attribuera pas à la fatalité
Les attentats prescrits par la cupidité.
Qu'on dise à leurs auteurs : « Qui fît votre fortune » ?
Les tombeaux répondront : « La misère commune ».
Des hommes prétextant je ne sais quel danger,
Veulent r'ouvrir le gouffre, et nous y replonger.
Arrêtez, intrigans ! Entendez la patrie
Tonner sur vos complots dans sa mâle furie.
Voyez-la comprimant le cruel novateur ;
Rendant à la raison l'insensé détracteur ;
Et déposant bientôt l'attitude guerrière.
Le pacte social, qu'au bout de sa carrière
Nous offrit un sénat qui ne dût s s excès,
Ses malheurs, qu'aux pervers, ivres de leurs succès,
Est notre seule égide, et notre garantie
Contre le royalisme et la démagogie.
   O vous ! qui vous donnez pour les amis des loix,
Qui chantez sur le ton d'une civique voix,

N'assemblez pas sur nous de nouvelles tempêtes ;
Ne brûlez pas le fruit de nos vastes conquêtes :
Ou bien, déclarez-nous que vous voulez régner :
Prononcez le serment de ne rien épargner ;
Entre les généraux allumez la discorde,
Et du sein du sénat extirpez la concorde ;
De vos tableaux hideux lassez les citoyens ;
De la société brisez tous les liens :
Faites croire aux français que le pouvoir suprême
Pas à pas se transforme en sceptre, en diadême ;
Que les chefs de l'état conspirent pour un roi.
Parmi nos légions disséminez l'effroi ;
Dites qu'on les immole, et qu'un affreux génie
Va sur leurs corps sanglans asseoir la tyrannie,
Charger de fers les mains, les glorieuses mains
Des défenseurs des loix, des purs républicains.
Attirez sur la France un siècle de misère,
Rallumez le flambeau d'une exécrable guerre ;
Savourez le bonheur d'un cruel souvenir :
Sous un crêpe funèbre offrez-nous l'avenir ;
Exposez aux regards vos signaux de détresse,
Et, tout près d'en jouir, bannissez l'allégresse ;
Repoussez loin de nous, par la férocité,
Les douceurs du repos et de la liberté ;
Qu'un foyer renaissant d'intrigues criminelles
Dans nos cantons épars jette les étincelles
Qui devront ranimer un vaste embrâsement ;
Créez, à sa lueur, votre gouvernement :
Ecrasez de nos loix la faction impie ;
Sur ses débris placez votre philantropie :
Montrez-nous le trépas ensanglantant sa faulx,
Et Thémis, gémissante au pied des échafauds.

Envain redemandant sa balance brisée :
De larmes, de sanglots la patrie épuisée ;
L'épouvante et l'horreur remplissant nos vallons ;
L'infatigable meurtre, abreuvant nos sillons,
Semant le désespoir dans les pâles campagnes,
Et portant, des cités, l'effroi sur les montagnes :
Les fleuves dans la mer, vomissant nos lambeaux,
Et nos départemens hérissés de tombeaux.
Mais je vous vois frémir ! De la tendre nature
Vos cœurs ne peuvent plus étouffer le murmure :
Le sentiment du bien trempe vos yeux de pleurs,
Vous interromperez le cours de nos malheurs.
Vous allez tous former une ligue puissante,
Terminer des méchans la lutte dévorante,
Rivaliser de gloire avec nos défenseurs,
Renoncer franchement aux projets oppresseurs,
Dans sa tombe oublier la royauté flétrie,
Rendre leur influence aux arts, à l'industrie,
Proscrire le retour, chez notre nation,
Des crimes qu'enfanta l'esprit de faction.
Que les bons citoyens s'empressent et s'unissent !
Que de la liberté les destins s'accomplissent !
  Chante la république, Urbin, et la beauté;
Célèbre les héros, les loix, d'humanité :
Que l'enfant de l'orgueil, la brutale satyre,
N'usurpe point les sons de ta modeste lyre :
Le fiel ne suffit pas pour vaincre des rivaux
Qui sont environnés de leurs savans travaux.
Séduit par des flatteurs, ou dupe de lui-même,
Tel auteur qui se croit assis au rang suprème,
Pour avoir recueilli d'éphémères succès,
A la témérité se livre avec excès.

L'homme qu'il calomnie est vertueux, n'importe ;
La soif d'être cité sur la vertu l'emporte :
Il amuse l'envie et le désœuvrement ;
Mais de son insolence il laisse un monument.
Dédaigne en tes écrits ce fracas populaire ;
Ecoute du devoir le conseil solitaire.
Un jour de renommée a bientôt disparu ;
L'estime qu'on perdit n'a jamais reparu :
Le calomniateur obtient l'ignominie
Dont il cherche à couvrir les talens, le génie.
 Comme faible poëte on peut me dénoncer ;
J'ai la conviction de ne rien énoncer
Qui soit contraire aux mœurs, à la saine justice,
Au bien de mon pays, à la haine du vice ;
Au desir de revoir la paix, la sureté,
L'ordre, un entier respect pour la propriété :
De contempler enfin notre libre patrie
Des révolutions triomphante, et chérie !

O vaisseau ! que fais-tu ? Ne brave plus les flots ;
Tranquille dans le port, jouis d'un long repos.

F I N.

A PARIS,

De l'Imprimerie de C.-J. GELÉ, rue du Temple,
N.º 22.